KB207679

다문화 가족을 위한

[세계국기 살펴보기]

대한민국
Republic of Korea

가나
Ghana

그레나다
Grenada

그리스
Greece

그린란드
Greenland

나미비아
Namibia

나이지리아
Nigeria

남아프리카공화국
South Africa

네덜란드
Netherlands

네팔
Nepal

노르웨이
Norway

니카라과
Nicaragua

뉴질랜드
New Zealand

대만
Taiwan

덴마크
Denmark

도미니카공화국
Dominican Republic

독일
Germany

동티모르
East Timor

라오스
Laos

러시아
Russia

레바논
Lebanon

르완다
Rwanda

리히텐슈타인
Liechtenstein

마다가스카르
Madagascar

마셜제도
Marshall Islands

마카오
Macau

말레이시아
Malaysia

말리
Mali

멕시코
Mexico

모로코
Morocco

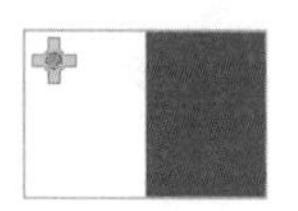

몰타
Malta

몰디브
Maldives

몽골
Mongolia

미국
United States of America(USA)

미얀마
Myanmar

방글라데시
Bangladesh

바베이도스
Barbados

베트남
Vietnam

북한
North Korea

베네수엘라
Venezuela

벨기에
Belgium

베냉
Benin

보츠와나
Botswana

보스니아헤르체고비나
Bosnia and Herzegovina

볼리비아
Bolivia

브라질
Brazil

브루나이
Brunei

사우디아라비아
Saudi Arabia

세이셸
Seychelles

세네갈
Senegal

세인트루시아
Saint Lucia

수단
Sudan

소말리아
Somalia

솔로몬제도
Solomon Islands

스리랑카
Sri Lanka

스웨덴
Sweden

스위스
Switzerland

스코틀랜드
Scotland

스페인
Spain

슬로바키아
Slovakia

시리아
Syria

싱가포르
Singapore

아랍에미리트
United Arab Emirates

아루바
Aruba

아르헨티나
Argentine

아이슬란드
Iceland

아일랜드
Ireland

영국
United Kingdom(UK)

에티오피아
Ethiopia

에스토니아
Estonia

우루과이
Uruguay

우크라이나
Ukraine

오만
Oman

오스트레일리아
Australia

오스트리아
Austria

요르단
Jordan

온두라스
Honduras

이라크
Iraq

이스라엘
Israel

인도
India

이란
Iran

이집트
Egypt

이탈리아
Italy

인도네시아
Indonesia

일본
Japan

자메이카
Jamaica

중국
China

중앙아프리카 공화국
Central African Republic

조지아
Georgia

차드
Chad

체코
Czech

칠레
Chile

키리바시
Kiribati

키르기스스탄
Kyrgyzstan

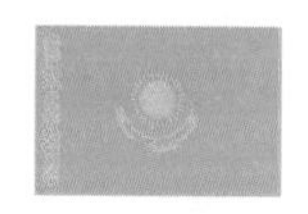

카자흐스탄
Kazakhstan

카탈로니아
Catalonia

캄보디아
Cambodia

캐나다
Canada

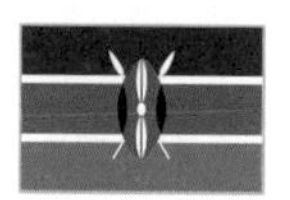

케냐
Kenya

쿠바
Cuba

쿠웨이트
Kuwait

크로아티아
Croatia

타지키스탄
Tajikistan

탄자니아
Tanzania

태국
Thailand

터키
Turkey

튀니지
Tunisia

토고
Togo

통가
Tonga

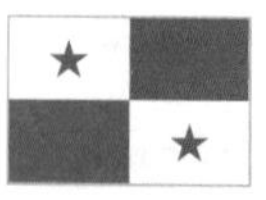

파나마
Panama

파키스탄
Pakistan

팔라우
Palau

페루
Peru

포르투갈
Portugal

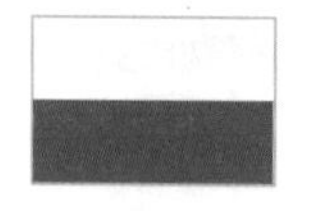

폴란드
Poland

프랑스
France

핀란드
Finland

필리핀
Philippines

헝가리
Hungary

홍콩
Hong Kong

희망 스케줄 관리 5년

Desired Schedule Management 2025~2029

가나북스

www.gnbooks.co.kr

희망 5년 스케줄 관리의 장점

01 바쁜 일정을 소화해 내는 가운데 희망의 미래를 세워 갈 수 있다.

02 휴대가 간편하고 언제 어디서든 쉽게 꺼내어 스케줄 확인 및 메모가 편리하다.

03 5년간의 스케줄을 정리하며 과거와 미래의 계획을 한눈에 볼 수 있도록 구성하였다.

04 스마트폰을 활용한 스케줄관리의 단점(분실, 데이터 삭제…)을 보완해 준다.

05 평생 보관하여 지난 스케줄을 되돌아볼 수 있고 메모 효과가 있어 출간 등의 집필 활동에도 요긴하게 활용할 수 있다.

06 일정의 중복을 피하게 하고 실수하지 않게 스케줄을 꼼꼼히 챙길 수 있도록 도와주는 장점 등이 있다.

07 투병 중에 있는 분이나 연로한 분들도 5년 스케줄 관리를 통해 희망을 갖게 해 준다.

“ 거저 받았으니 ”
거저 주라

2025

1 Jan.

S	M	T	W	T	F	S
			1	2	3	4
5	6	7	8	9	10	11
12	13	14	15	16	17	18
19	20	21	22	23	24	25
26	27	28	29	30	31	

2 Feb.

S	M	T	W	T	F	S
						1
2	3	4	5	6	7	8
9	10	11	12	13	14	15
16	17	18	19	20	21	22
23	24	25	26	27	28	

3 Mar.

S	M	T	W	T	F	S
						1
2	3	4	5	6	7	8
9	10	11	12	13	14	15
16	17	18	19	20	21	22
23	24	25	26	27	28	29
30	31					

4 Apr.

S	M	T	W	T	F	S
		1	2	3	4	5
6	7	8	9	10	11	12
13	14	15	16	17	18	19
20	21	22	23	24	25	26
27	28	29	30			

5 May.

S	M	T	W	T	F	S
				1	2	3
4	5	6	7	8	9	10
11	12	13	14	15	16	17
18	19	20	21	22	23	24
25	26	27	28	29	30	31

6 Jun.

S	M	T	W	T	F	S
1	2	3	4	5	6	7
8	9	10	11	12	13	14
15	16	17	18	19	20	21
22	23	24	25	26	27	28
29	30					

7 Jul.

S	M	T	W	T	F	S
		1	2	3	4	5
6	7	8	9	10	11	12
13	14	15	16	17	18	19
20	21	22	23	24	25	26
27	28	29	30	31		

8 Aug.

S	M	T	W	T	F	S
					1	2
3	4	5	6	7	8	9
10	11	12	13	14	15	16
17	18	19	20	21	22	23
24	25	26	27	28	29	30
31						

9 Sep.

S	M	T	W	T	F	S
	1	2	3	4	5	6
7	8	9	10	11	12	13
14	15	16	17	18	19	20
21	22	23	24	25	26	27
28	29	30				

10 Oct.

S	M	T	W	T	F	S
			1	2	3	4
5	6	7	8	9	10	11
12	13	14	15	16	17	18
19	20	21	22	23	24	25
26	27	28	29	30	31	

11 Nov.

S	M	T	W	T	F	S
						1
2	3	4	5	6	7	8
9	10	11	12	13	14	15
16	17	18	19	20	21	22
23	24	25	26	27	28	29
30						

12 Dec.

S	M	T	W	T	F	S
	1	2	3	4	5	6
7	8	9	10	11	12	13
14	15	16	17	18	19	20
21	22	23	24	25	26	27
28	29	30	31			

2026

1 Jan.

S	M	T	W	T	F	S
				1	2	3
4	5	6	7	8	9	10
11	12	13	14	15	16	17
18	19	20	21	22	23	24
25	26	27	28	29	30	31

2 Feb.

S	M	T	W	T	F	S
1	2	3	4	5	6	7
8	9	10	11	12	13	14
15	**16**	**17**	**18**	19	20	21
22	23	24	25	26	27	28

3 Mar.

S	M	T	W	T	F	S
1	**2**	3	4	5	6	7
8	9	10	11	12	13	14
15	16	17	18	19	20	21
22	23	24	25	26	27	28
29	30	31				

4 Apr.

S	M	T	W	T	F	S
			1	2	3	4
5	6	7	8	9	10	11
12	13	14	15	16	17	18
19	20	21	22	23	24	25
26	27	28	29	30		

5 May.

S	M	T	W	T	F	S
					1	2
3	4	**5**	6	7	8	9
10	11	12	13	14	15	16
17	18	19	20	21	22	23
24	**25**	26	27	28	29	30
31						

6 Jun.

S	M	T	W	T	F	S
	1	2	3	4	5	**6**
7	8	9	10	11	12	13
14	15	16	17	18	19	20
21	22	23	24	25	26	27
28	29	30				

7 Jul.

S	M	T	W	T	F	S
			1	2	3	4
5	6	7	8	9	10	11
12	13	14	15	16	17	18
19	20	21	22	23	24	25
26	27	28	29	30	31	

8 Aug.

S	M	T	W	T	F	S
						1
2	3	4	5	6	7	8
9	10	11	12	13	14	**15**
16	17	18	19	20	21	22
23	24	25	26	27	28	29
30	31					

9 Sep.

S	M	T	W	T	F	S
		1	2	3	4	5
6	7	8	9	10	11	12
13	14	15	16	17	18	19
20	21	22	23	**24**	**25**	**26**
27	28	29	30			

10 Oct.

S	M	T	W	T	F	S
				1	2	**3**
4	5	6	7	8	**9**	10
11	12	13	14	15	16	17
18	19	20	21	22	23	24
25	26	27	28	29	30	31

11 Nov.

S	M	T	W	T	F	S
1	2	3	4	5	6	7
8	9	10	11	12	13	14
15	16	17	18	19	20	21
22	23	24	25	26	27	28
29	30					

12 Dec.

S	M	T	W	T	F	S
		1	2	3	4	5
6	7	8	9	10	11	12
13	14	15	16	17	18	19
20	21	22	23	24	**25**	26
27	28	29	30	31		

2027

1 Jan.

S	M	T	W	T	F	S
					1	2
3	4	5	6	7	8	9
10	11	12	13	14	15	16
17	18	19	20	21	22	23
24	25	26	27	28	29	30
31						

2 Feb.

S	M	T	W	T	F	S
	1	2	3	4	5	6
7	**8**	9	10	11	12	13
14	15	16	17	18	19	20
21	22	23	24	25	26	27
28						

3 Mar.

S	M	T	W	T	F	S
	1	2	3	4	5	6
7	8	9	10	11	12	13
14	15	16	17	18	19	20
21	22	23	24	25	26	27
28	29	30	31			

4 Apr.

S	M	T	W	T	F	S
				1	2	3
4	5	6	7	8	9	10
11	12	13	14	15	16	17
18	19	20	21	22	23	24
25	26	27	28	29	30	

5 May.

S	M	T	W	T	F	S
						1
2	3	4	**5**	6	7	8
9	10	11	12	**13**	14	15
16	17	18	19	20	21	22
23	24	25	26	27	28	29
30	31					

6 Jun.

S	M	T	W	T	F	S
		1	2	3	4	5
6	7	8	9	10	11	12
13	14	15	16	17	18	19
20	21	22	23	24	25	26
27	28	29	30			

7 Jul.

S	M	T	W	T	F	S
				1	2	3
4	5	6	7	8	9	10
11	12	13	14	15	16	17
18	19	20	21	22	23	24
25	26	27	28	29	30	31

8 Aug.

S	M	T	W	T	F	S
1	2	3	4	5	6	7
8	9	10	11	12	13	14
15	16	17	18	19	20	21
22	23	24	25	26	27	28
29	30	31				

9 Sep.

S	M	T	W	T	F	S
			1	2	3	4
5	6	7	8	9	10	11
12	13	**14**	**15**	**16**	17	18
19	20	21	22	23	24	25
26	27	28	29	30		

10 Oct.

S	M	T	W	T	F	S
					1	2
3	4	5	6	7	8	**9**
10	11	12	13	14	15	16
17	18	19	20	21	22	23
24	25	26	27	28	29	30
31						

11 Nov.

S	M	T	W	T	F	S
	1	2	3	4	5	6
7	8	9	10	11	12	13
14	15	16	17	18	19	20
21	22	23	24	25	26	27
28	29	30				

12 Dec.

S	M	T	W	T	F	S
			1	2	3	4
5	6	7	8	9	10	11
12	13	14	15	16	17	18
19	20	21	22	23	24	**25**
26	**27**	28	29	30	31	

2028

1 Jan.

S	M	T	W	T	F	S
						1
2	3	4	5	6	7	8
9	10	11	12	13	14	15
16	17	18	19	20	21	22
23	24	25	**26**	**27**	**28**	29
30	31					

2 Feb.

S	M	T	W	T	F	S
		1	2	3	4	5
6	7	8	9	10	11	12
13	14	15	16	17	18	19
20	21	22	23	24	25	26
27	28	29				

3 Mar.

S	M	T	W	T	F	S
			1	2	3	4
5	6	7	8	9	10	11
12	13	14	15	16	17	18
19	20	21	22	23	24	25
26	27	28	29	30	31	

4 Apr.

S	M	T	W	T	F	S
						1
2	3	4	5	6	7	8
9	10	11	12	13	14	15
16	17	18	19	20	21	22
23	24	25	26	27	28	29
30						

5 May.

S	M	T	W	T	F	S
	1	**2**	3	4	**5**	6
7	8	9	10	11	12	13
14	15	16	17	18	19	20
21	22	23	24	25	26	27
28	29	30	31			

6 Jun.

S	M	T	W	T	F	S
				1	2	3
4	5	**6**	7	8	9	10
11	12	13	14	15	16	17
18	19	20	21	22	23	24
25	26	27	28	29	30	

7 Jul.

S	M	T	W	T	F	S
						1
2	3	4	5	6	7	8
9	10	11	12	13	14	15
16	17	18	19	20	21	22
23	24	25	26	27	28	29
30	31					

8 Aug.

S	M	T	W	T	F	S
		1	2	3	4	5
6	7	8	9	10	11	12
13	14	**15**	16	17	18	19
20	21	22	23	24	25	26
27	28	29	30	31		

9 Sep.

S	M	T	W	T	F	S
					1	2
3	4	5	6	7	8	9
10	11	12	13	14	15	16
17	18	19	20	21	22	23
24	25	26	27	28	29	30

10 Oct.

S	M	T	W	T	F	S
1	**2**	**3**	**4**	**5**	6	7
8	**9**	10	11	12	13	14
15	16	17	18	19	20	21
22	23	24	25	26	27	28
29	30	31				

11 Nov.

S	M	T	W	T	F	S
			1	2	3	4
5	6	7	8	9	10	11
12	13	14	15	16	17	18
19	20	21	22	23	24	25
26	27	28	29	30		

12 Dec.

S	M	T	W	T	F	S
					1	2
3	4	5	6	7	8	9
10	11	12	13	14	15	16
17	18	19	20	21	22	23
24	**25**	26	27	28	29	30
31						

2029

1 Jan.

S	M	T	W	T	F	S
	1	2	3	4	5	6
7	8	9	10	11	12	13
14	15	16	17	18	19	20
21	22	23	24	25	26	27
28	29	30	31			

2 Feb.

S	M	T	W	T	F	S
				1	2	3
4	5	6	7	8	9	10
11	**12**	**13**	**14**	15	16	17
18	19	20	21	22	23	24
25	26	27	28			

3 Mar.

S	M	T	W	T	F	S
				1	2	3
4	5	6	7	8	9	10
11	12	13	14	15	16	17
18	19	20	21	22	23	24
25	26	27	28	29	30	31

4 Apr.

S	M	T	W	T	F	S
1	2	3	4	5	6	7
8	9	10	11	12	13	14
15	16	17	18	19	20	21
22	23	24	25	26	27	28
29	30					

5 May.

S	M	T	W	T	F	S
		1	2	3	4	**5**
6	7	8	9	10	11	12
13	14	15	16	17	18	19
20	21	22	23	24	25	26
27	28	29	30	31		

6 Jun.

S	M	T	W	T	F	S
					1	2
3	4	5	**6**	7	8	9
10	11	12	13	14	15	16
17	18	19	20	21	22	23
24	25	26	27	28	29	30

7 Jul.

S	M	T	W	T	F	S
1	2	3	4	5	6	7
8	9	10	11	12	13	14
15	16	17	18	19	20	21
22	23	24	25	26	27	28
29	30	31				

8 Aug.

S	M	T	W	T	F	S
			1	2	3	4
5	6	7	8	9	10	11
12	13	14	**15**	16	17	18
19	20	21	22	23	24	25
26	27	28	29	30	31	

9 Sep.

S	M	T	W	T	F	S
						1
2	3	4	5	6	7	8
9	10	11	12	13	14	15
16	17	18	19	20	**21**	**22**
23	24	25	26	27	28	29
30						

10 Oct.

S	M	T	W	T	F	S
	1	2	**3**	4	5	6
7	8	**9**	10	11	12	13
14	15	16	17	18	19	20
21	22	23	24	25	26	27
28	29	30	31			

11 Nov.

S	M	T	W	T	F	S
				1	2	3
4	5	6	7	8	9	10
11	12	13	14	15	16	17
18	19	20	21	22	23	24
25	26	27	28	29	30	

12 Dec.

S	M	T	W	T	F	S
						1
2	3	4	5	6	7	8
9	10	11	12	13	14	15
16	17	18	19	20	21	22
23	24	**25**	26	27	28	29
30	31					

2025. Plan

01
02
03
04
05
06
07
08
09
10
11
12

2025

Desired
Schedule Management

가나북스

www.gnbooks.co.kr

2025
01
Jan.

Sunday	Monday	Tuesday
29	30	31
5	6	7
12	13	14 12.15
19	20	21
26	27	28

2024. 12 Dec.

S	M	T	W	T	F	S
1	2	3	4	5	6	7
8	9	10	11	12	13	14
15	16	17	18	19	20	21
22	23	24	25	26	27	28
29	30	31				

2025. 2 Feb.

S	M	T	W	T	F	S
						1
2	3	4	5	6	7	8
9	10	11	12	13	14	15
16	17	18	19	20	21	22
23	24	25	26	27	28	

Wednesday	Thursday	Friday	Saturday
1 신정	2	3	4
8	9	10	11
15	16	17	18
22	23	24	25
29 설날 1.1	**30**	31	1

2025

02

Feb.

Sunday	Monday	Tuesday
26	27	28
2	3	4
9	10	11
16	17	18
23	24	25

1 Jan.

S	M	T	W	T	F	S
			1	2	3	4
5	6	7	8	9	10	11
12	13	14	15	16	17	18
19	20	21	22	23	24	25
26	27	28	29	30	31	

3 Mar.

S	M	T	W	T	F	S
						1
2	3	4	5	6	7	8
9	10	11	12	13	14	15
16	17	18	19	20	21	22
23	24	25	26	27	28	29
30	31					

Wednesday	Thursday	Friday	Saturday
29	30	31	1
5	6	7	8
12 1.15	13	14	15
19	20	21	22
26	27	28 2.1	1

2025

03

Mar.

Sunday	Monday	Tuesday
23	24	25
2	3 대체 휴일	4 2.5
9	10	11
16	17	18
23	24	25
30	31	

2 Feb.

S	M	T	W	T	F	S
						1
2	3	4	5	6	7	8
9	10	11	12	13	14	15
16	17	18	19	20	21	22
23	24	25	26	27	28	

4 Apr.

S	M	T	W	T	F	S
		1	2	3	4	5
6	7	8	9	10	11	12
13	14	15	16	17	18	19
20	21	22	23	24	25	26
27	28	29	30			

Wednesday	Thursday	Friday	Saturday
26	27	28	1
5	6	7	8
12	13	14 2.15	15
19	20	21	22
26	27	28	29 3.1

2025

04

Apr.

Sunday	Monday	Tuesday
30	31	1
6	7	8
13	14	15
20	21	22
27	28 4.1	29

3 Mar.

S	M	T	W	T	F	S
						1
2	3	4	5	6	7	8
9	10	11	12	13	14	15
16	17	18	19	20	21	22
23	24	25	26	27	28	29
30	31					

5 May.

S	M	T	W	T	F	S
				1	2	3
4	5	6	7	8	9	10
11	12	13	14	15	16	17
18	19	20	21	22	23	24
25	26	27	28	29	30	31

Wednesday	Thursday	Friday	Saturday
2	3	4	5 식목일
9	10	11	12 3.15
16	17	18	19
23	24	25	26
30	1	2	3

2025

05

May.

Sunday	Monday	Tuesday
27	28	29
4	5 어린이날 부처님 오신 날	6 대체 휴일
11	12 4.15	13
18	19	20
25	26	27 5.1

4 Apr.

S	M	T	W	T	F	S
		1	2	3	4	5
6	7	8	9	10	11	12
13	14	15	16	17	18	19
20	21	22	23	24	25	26
27	28	29	30			

6 Jun.

S	M	T	W	T	F	S
1	2	3	4	5	6	7
8	9	10	11	12	13	14
15	16	17	18	19	20	21
22	23	24	25	26	27	28
29	30					

Wednesday	Thursday	Friday	Saturday
30	1 근로자의 날	2	3
7	8 어버이날	9	10
14	15 스승의날	16	17
21	22	23	24
28	29	30	31

2025

06

May.

Sunday	Monday	Tuesday
1	2	3
8	9	10 5.15
15	16	17
22	23	24
29	30	1

5 May.

S	M	T	W	T	F	S
				1	2	3
4	**5**	**6**	7	8	9	10
11	12	13	14	15	16	17
18	19	20	21	22	23	24
25	26	27	28	29	30	31

7 Jul.

S	M	T	W	T	F	S
		1	2	3	4	5
6	7	8	9	10	11	12
13	14	15	16	17	18	19
20	21	22	23	24	25	26
27	28	29	30	31		

Wednesday	Thursday	Friday	Saturday
4	5	6 현충일	7
11	12	13	14
18	19	20	21
25 6·25전쟁일 6.1	26	27	28
2	3	4	5

2025

07

Jul.

Sunday	Monday	Tuesday
29	30	1
6	7	8
13	14	15
20	21	22
27	28	29

6 Jun.

S	M	T	W	T	F	S
1	2	3	4	5	6	7
8	9	10	11	12	13	14
15	16	17	18	19	20	21
22	23	24	25	26	27	28
29	30					

8 Aug.

S	M	T	W	T	F	S
					1	2
3	4	5	6	7	8	9
10	11	12	13	14	15	16
17	18	19	20	21	22	23
24	25	26	27	28	29	30
31						

Wednesday	Thursday	Friday	Saturday
2	3	4	5
9 6.15	10	11	12
16	17 제헌절	18	19
23	24	25 윤 6.1	26
30 중복	31	1	2

2025

08

Aug.

Sunday	Monday	Tuesday
27	28	29
3	4	5
10	11	12
17	18	19
24	25	26
31		

7 Jul.

S	M	T	W	T	F	S
		1	2	3	4	5
6	7	8	9	10	11	12
13	14	15	16	17	18	19
20	21	22	23	24	25	26
27	28	29	30	31		

9 Sep.

S	M	T	W	T	F	S
	1	2	3	4	5	6
7	8	9	10	11	12	13
14	15	16	17	18	19	20
21	22	23	24	25	26	27
28	29	30				

Wednesday	Thursday	Friday	Saturday
30	31	1	2
6	7	8 윤 6.15	9
13	14	**15** 광복절	16
20	21	22	23 7.1
27	28	29	30

2025

09

Sep.

Sunday	Monday	Tuesday
31	1	2
7	8	9
14	15	16
21	22 8.15	23
27	29	30

8 Aug.

S	M	T	W	T	F	S
					1	2
3	4	5	6	7	8	9
10	11	12	13	14	**15**	16
17	18	19	20	21	22	23
24	25	26	27	28	29	30
31						

10 Oct.

S	M	T	W	T	F	S
			1	2	**3**	4
5	**6**	**7**	**8**	**9**	10	11
12	13	14	15	16	17	18
19	20	21	22	23	24	25
26	27	28	29	30	31	

Wednesday	Thursday	Friday	Saturday
3	4	5	6 7.15
10	11	12	13
17	18	19	20
24	25	26	27
1	2	3	4

2025

10

Oct.

Sunday	Monday	Tuesday
28	29	30
5	**6** 추석 8.15	**7**
12	13	14
19	20	21 9.1
26	27	28

9 Sep.

S	M	T	W	T	F	S
	1	2	3	4	5	6
7	8	9	10	11	12	13
14	15	16	17	18	19	20
21	22	23	24	25	26	27
28	29	30				

11 Nov.

S	M	T	W	T	F	S
						1
2	3	4	5	6	7	8
9	10	11	12	13	14	15
16	17	18	19	20	21	22
23	24	25	26	27	28	29
30						

Wednesday	Thursday	Friday	Saturday
1	2	3 개천절	4
8 대체 휴일	9 한글날	10	11
15	16	17	18
22	23	24	25
29	30	31	1

2025

11

Nov.

Sunday	Monday	Tuesday
26	27	28
2	3	4 9.15
9	10	11
16	17	18
23	24	25
30		

10 Oct.

S	M	T	W	T	F	S
			1	2	3	4
5	6	7	8	9	10	11
12	13	14	15	16	17	18
19	20	21	22	23	24	25
26	27	28	29	30	31	

12 Dec.

S	M	T	W	T	F	S
	1	2	3	4	5	6
7	8	9	10	11	12	13
14	15	16	17	18	19	20
21	22	23	24	25	26	27
28	29	30	31			

Wednesday	Thursday	Friday	Saturday
29	30	31	1
5	6	7	8
12	13	14	15
19	20 10.1	21	22
26	27	28	29

2025

12

Dec.

Sunday	Monday	Tuesday
30	1	2
7	8	9
14	15	16
21	22	23
28	29	30

2025. 11 Nov.

S	M	T	W	T	F	S
						1
2	3	4	5	6	7	8
9	10	11	12	13	14	15
16	17	18	19	20	21	22
23	24	25	26	27	28	29
30						

2026. 1 Jan.

S	M	T	W	T	F	S
				1	2	3
4	5	6	7	8	9	10
11	12	13	14	15	16	17
18	19	20	21	22	23	24
25	26	27	28	29	30	31

Wednesday	Thursday	Friday	Saturday
3	4 10.15	5	6
10	11	12	13
17	18	19	20 11.1
24	**25** 성탄절	26	27
31	1	2	3

2026. Plan

01
02
03
04
05
06
07
08
09
10
11
12

2026

Desired
Schedule Management

2026

가나북스

www.gnbooks.co.kr

2026
01
Jan.

Sunday	Monday	Tuesday
28	29	30
4	5	6
11	12	13
18	19 12.1	20
25	26	27

2025. 12 Dec.

S	M	T	W	T	F	S
	1	2	3	4	5	6
7	8	9	10	11	12	13
14	15	16	17	18	19	20
21	22	23	24	25	26	27
28	29	30	31			

2026. 2 Feb.

S	M	T	W	T	F	S
1	2	3	4	5	6	7
8	9	10	11	12	13	14
15	16	17	18	19	20	21
22	23	24	25	26	27	28

Wednesday	Thursday	Friday	Saturday
31	**1** 신정	2	3 11.15
7	8	9	10
14	15	16	17
21	22	23	24
28	29	30	31

2026

02

Feb.

Sunday	Monday	Tuesday
1	2 12.15	3
8	9	10
15	16	17 설날 1.1
22	23	24
1	2	3

1 Jan.

S	M	T	W	T	F	S
				1	2	3
4	5	6	7	8	9	10
11	12	13	14	15	16	17
18	19	20	21	22	23	24
25	26	27	28	29	30	31

3 Mar.

S	M	T	W	T	F	S
1	2	3	4	5	6	7
8	9	10	11	12	13	14
15	16	17	18	19	20	21
22	23	24	25	26	27	28
29	30	31				

Wednesday	Thursday	Friday	Saturday
4	5	6	7
11	12	13	14
18	19	20	21
25	26	27	28
4	5	6	7

2026

03

Mar.

Sunday	Monday	Tuesday
1 삼일절	**2** 대체 휴일	3 1.15
8	9	10
15	16	17
22	23	24
29	30	31

2 Feb.

S	M	T	W	T	F	S
1	2	3	4	5	6	7
8	9	10	11	12	13	14
15	**16**	**17**	**18**	19	20	21
22	23	24	25	26	27	28

4 Apr.

S	M	T	W	T	F	S
			1	2	3	4
5	6	7	8	9	10	11
12	13	14	15	16	17	18
19	20	21	22	23	24	25
26	27	28	29	30		

Wednesday	Thursday	Friday	Saturday
4	5	6	7
11	12	13	14
18	19 2.1	20	21
25	26	27	28
1	2	3	4

2026

04

Apr.

Sunday	Monday	Tuesday
29	30	31
5 식목일	6	7
12	13	14
19	20	21
26	27	28

3 Mar.

S	M	T	W	T	F	S
1	2	3	4	5	6	7
8	9	10	11	12	13	14
15	16	17	18	19	20	21
22	23	24	25	26	27	28
29	30	31				

5 May.

S	M	T	W	T	F	S
					1	2
3	4	5	6	7	8	9
10	11	12	13	14	15	16
17	18	19	20	21	22	23
24	25	26	27	28	29	30
31						

Wednesday	Thursday	Friday	Saturday
1	2 2.15	3	4
8	9	10	11
15	16	17 3.1	18
22	23	24	25
29	30	1	2

2026

05

May.

Sunday	Monday	Tuesday
26	27	28
3	4	5 어린이날
10	11	12
17 4.1	18	19
24 부처님 오신 날 31 4.15	25 대체 휴일	26

4 Apr.

S	M	T	W	T	F	S
			1	2	3	4
5	6	7	8	9	10	11
12	13	14	15	16	17	18
19	20	21	22	23	24	25
26	27	28	29	30		

6 Jun.

S	M	T	W	T	F	S
	1	2	3	4	5	6
7	8	9	10	11	12	13
14	15	16	17	18	19	20
21	22	23	24	25	26	27
28	29	30				

Wednesday	Thursday	Friday	Saturday
29	30	1 근로자의날 3.15	2
6	7	8 어버이날	9
13	14	15 스승의날	16
20	21	22	23
27	28	29	30

2026

06

Jun.

Sunday	Monday	Tuesday
31	1	2
7	8	9
14	15 5.1	16
21	22	23
28	29 5.15	30

5 May.

S	M	T	W	T	F	S
					1	2
3	4	5	6	7	8	9
10	11	12	13	14	15	16
17	18	19	20	21	22	23
24	25	26	27	28	29	30
31						

7 Jul.

S	M	T	W	T	F	S
			1	2	3	4
5	6	7	8	9	10	11
12	13	14	15	16	17	18
19	20	21	22	23	24	25
26	27	28	29	30	31	

Wednesday	Thursday	Friday	Saturday
3	4	5	6 현충일
10	11	12	13
17	18	19	20
24	25 6·25 전쟁일	26	27
1	2	3	4

2026

07

Jul.

Sunday	Monday	Tuesday
28	29	30
5 식목일	**6** 한식	**7** 소서
12	**13**	**14** 6.1
19	**20**	**21**
26	**27**	**28** 6.15

6 Jun.

S	M	T	W	T	F	S
	1	2	3	4	5	**6**
7	8	9	10	11	12	13
14	15	16	17	18	19	20
21	22	23	24	25	26	27
28	29	30				

8 Aug.

S	M	T	W	T	F	S
						1
2	3	4	5	6	7	8
9	10	11	12	13	14	**15**
16	17	18	19	20	21	22
23	24	25	26	27	28	29
30	31					

Wednesday	Thursday	Friday	Saturday
1	2	3	4
8	9	10	11
15	16	17 제헌절	18
22	23	24	25
29	30	31	1

2026

08

Aug.

Sunday	Monday	Tuesday
26	27	28
2	3	4
9	10	11
16	17	18
23	24	25
30	31	

7 Jul.

S	M	T	W	T	F	S
			1	2	3	4
5	6	7	8	9	10	11
12	13	14	15	16	17	18
19	20	21	22	23	24	25
26	27	28	29	30	31	

9 Sep.

S	M	T	W	T	F	S
		1	2	3	4	5
6	7	8	9	10	11	12
13	14	15	16	17	18	19
20	21	22	23	**24**	**25**	**26**
27	28	29	30			

Wednesday	Thursday	Friday	Saturday
29	30	31	1
5	6	7	8
12	13 7.1	14	15 광복절
19	20	21	22
26	27 7.15	28	29

2026

09

Sep.

Sunday	Monday	Tuesday
30	31	1
6	7	8
13	14	15
20	21	22
27	28	29

8 Aug.

S	M	T	W	T	F	S
						1
2	3	4	5	6	7	8
9	10	11	12	13	14	**15**
16	17	18	19	20	21	22
23	24	25	26	27	28	29
30	31					

10 Oct.

S	M	T	W	T	F	S
				1	2	**3**
4	5	6	7	8	**9**	10
11	12	13	14	15	16	17
18	19	20	21	22	23	24
25	26	27	28	29	30	31

Wednesday	Thursday	Friday	Saturday
2	3	4	5
9	10	11 8.1	12
16	17	18	19
23	**24**	**25** 추석 8.15	**26**
30	1	2	3

2026

10

Oct.

Sunday	Monday	Tuesday
28	29	30
4	5	6
11 9.1	12	13
18	19 12.1	20
25 9.15	26	27

9 Sep.

S	M	T	W	T	F	S
		1	2	3	4	5
6	7	8	9	10	11	12
13	14	15	16	17	18	19
20	21	22	23	24	25	26
27	28	29	30			

11 Nov.

S	M	T	W	T	F	S
1	2	3	4	5	6	7
8	9	10	11	12	13	14
15	16	17	18	19	20	21
22	23	24	25	26	27	28
29	30					

Wednesday	Thursday	Friday	Saturday
31	1	2	**3** 개천절
7	8	**9** 한글날	10
14	15	16	17
21	22	23	24
28	29	30	31

2026

11

Nov.

Sunday	Monday	Tuesday
1	2	3
8	9 10.1	10
15	16	17
22	23 10.15	24
29	30	1

10 Oct.

S	M	T	W	T	F	S
				1	2	**3**
4	5	6	7	8	**9**	10
11	12	13	14	15	16	17
18	19	20	21	22	23	24
25	26	27	28	29	30	31

12 Dec.

S	M	T	W	T	F	S
		1	2	3	4	5
6	7	8	9	10	11	12
13	14	15	16	17	18	19
20	21	22	23	24	**25**	26
27	28	29	30	31		

Wednesday	Thursday	Friday	Saturday
4	5	6	7
11	12	13	14
18	19	20	21
25	26	27	28
2	3	4	5

2026

12

Dec.

Sunday	Monday	Tuesday
29	30	1
6	7	8
13	14	15
20	21	22
27	28	29

2026. 11 Nov.

S	M	T	W	T	F	S
1	2	3	4	5	6	7
8	9	10	11	12	13	14
15	16	17	18	19	20	21
22	23	24	25	26	27	28
29	30					

2027. 1 Jan.

S	M	T	W	T	F	S
					1	2
3	4	5	6	7	8	9
10	11	12	13	14	15	16
17	18	19	20	21	22	23
24	25	26	27	28	29	30
31						

Wednesday	Thursday	Friday	Saturday
2	3	4	5
9 11.1	10	11	12
16	17	18	19
23 11.15	24	**25** 성탄절	26
30	31	1	2

2027. Plan

01

02

03

04

05

06

07

08

09

10

11

12

2027

Desired
Schedule Management

2027

가나북스

www.gnbooks.co.kr

2027
01
Jan.

Sunday	Monday	Tuesday
27	28	29
3	4	5 어린이날
10	11	12
17	18	19
24 / 31	25	26

2026. 12 Dec.

S	M	T	W	T	F	S
		1	2	3	4	5
6	7	8	9	10	11	12
13	14	15	16	17	18	19
20	21	22	23	24	25	26
27	28	29	30	31		

2027. 2 Feb.

S	M	T	W	T	F	S
	1	2	3	4	5	6
7	8	9	10	11	12	13
14	15	16	17	18	19	20
21	22	23	24	25	26	27
28						

Wednesday	Thursday	Friday	Saturday
30	31	1 신정	2
6	7	8 12.1	9
13	14	15	16
20	21	22 12.15	23
27	28	29	30

2027

02

Feb.

Sunday	Monday	Tuesday
31	1	2
7 설날 1.1	8	9
14	15	16
21 1.15	22	23
28	1	2

1 Jan.

S	M	T	W	T	F	S
					1	2
3	4	5	6	7	8	9
10	11	12	13	14	15	16
17	18	19	20	21	22	23
24	25	26	27	28	29	30
31						

3 Mar.

S	M	T	W	T	F	S
	1	2	3	4	5	6
7	8	9	10	11	12	13
14	15	16	17	18	19	20
21	22	23	24	25	26	27
28	29	30	31			

Wednesday	Thursday	Friday	Saturday
3	4	5	6
10	11	12	13
17	18	19	20
24	25	26	27
3	4	5	6

2027

03

Mar.

Sunday	Monday	Tuesday
28	1 삼일절	2
7	8 2.1	9
14	15	16
21	22 2.15	23
28	29	30

2 Feb.

S	M	T	W	T	F	S
	1	2	3	4	5	6
7	8	9	10	11	12	13
14	15	16	17	18	19	20
21	22	23	24	25	26	27
28						

4 Apr.

S	M	T	W	T	F	S
				1	2	3
4	5	6	7	8	9	10
11	12	13	14	15	16	17
18	19	20	21	22	23	24
25	26	27	28	29	30	

Wednesday	Thursday	Friday	Saturday
3	4	5	6
10	11	12	13
17	18	19	20
24	25	26	27
31	1	2	3

2027

04

Apr.

Sunday	Monday	Tuesday
28	29	30
4	5 식목일	6
11	12	13
18	19	20
25	26	27

3 Mar.

S	M	T	W	T	F	S
	1	2	3	4	5	6
7	8	9	10	11	12	13
14	15	16	17	18	19	20
21	22	23	24	25	26	27
28	29	30	31			

5 May.

S	M	T	W	T	F	S
						1
2	3	4	5	6	7	8
9	10	11	12	13	14	15
16	17	18	19	20	21	22
23	24	25	26	27	28	29
30	31					

Wednesday	Thursday	Friday	Saturday
31	1	2	3
7 3.1	8	9	10
14	15	16	17
21 3.15	22	23	24
28	29	30	1

2027

05

May.

Sunday	Monday	Tuesday
25	26	27
2	3	4
9	10	11
16	17	18
23	24	25
30	31	

4 Apr.

S	M	T	W	T	F	S
				1	2	3
4	5	6	7	8	9	10
11	12	13	14	15	16	17
18	19	20	21	22	23	24
25	26	27	28	29	30	

6 Jun.

S	M	T	W	T	F	S
		1	2	3	4	5
6	7	8	9	10	11	12
13	14	15	16	17	18	19
20	21	22	23	24	25	26
27	28	29	30			

Wednesday	Thursday	Friday	Saturday
28	29	30	1 근로자의날
5 어린이날	6 4.1	7	8 어버이날
12	13 부처님 오신 날	14	15 스승의날
19	20 4.15	21	22
26	27	28	29

2027

06

Jun.

Sunday	Monday	Tuesday
30	31	1
6 현충일	7	8
13	14	15
20	21	22
27	28	29

5 May.

S	M	T	W	T	F	S
						1
2	3	4	5	6	7	8
9	10	11	12	13	14	15
16	17	18	19	20	21	22
23	24	25	26	27	28	29
30	31					

7 Jul.

S	M	T	W	T	F	S
				1	2	3
4	5	6	7	8	9	10
11	12	13	14	15	16	17
18	19	20	21	22	23	24
25	26	27	28	29	30	31

Wednesday	Thursday	Friday	Saturday
2	3	4	5 5.1
9	10	11	12
16	17	18	19 5.15
23	24	25 6·25 전쟁일	26
30	1	2	3

2027

07

Jul.

Sunday	Monday	Tuesday
28	29	30
4 6.1	5	6
11	12	13
18 6.15	19	20
25	26	27

6 Jun.

S	M	T	W	T	F	S
		1	2	3	4	5
6	7	8	9	10	11	12
13	14	15	16	17	18	19
20	21	22	23	24	25	26
27	28	29	30			

8 Aug.

S	M	T	W	T	F	S
1	2	3	4	5	6	7
8	9	10	11	12	13	14
15	16	17	18	19	20	21
22	23	24	25	26	27	28
29	30	31				

Wednesday	Thursday	Friday	Saturday
31	1	2	3
7	8	9	10
14	15	16	17 제헌절
21	22	23	24
28	29	30	31

2027

08

Aug.

Sunday	Monday	Tuesday
1	2 7.1	3
8	9	10
15 광복절	16 7.15	17
22	23	24
29	30	31

7 Jul.

S	M	T	W	T	F	S
				1	2	3
4	5	6	7	8	9	10
11	12	13	14	15	16	17
18	19	20	21	22	23	24
25	26	27	28	29	30	31

9 Sep.

S	M	T	W	T	F	S
			1	2	3	4
5	6	7	8	9	10	11
12	13	**14**	**15**	**16**	17	18
19	20	21	22	23	24	25
26	27	28	29	30		

Wednesday	Thursday	Friday	Saturday
4	5	6	7
11	12	13	14
18	19	20	21
25	26	27	28
1	2	3	4

2027

09

Sep.

Sunday	Monday	Tuesday
29	30	31
5	6	7
12	13	14
19	20	21
26	27	28

8 Aug.

S	M	T	W	T	F	S
1	2	3	4	5	6	7
8	9	10	11	12	13	14
15	16	17	18	19	20	21
22	23	24	25	26	27	28
29	30	31				

10 Oct.

S	M	T	W	T	F	S
					1	2
3	4	5	6	7	8	9
10	11	12	13	14	15	16
17	18	19	20	21	22	23
24	25	26	27	28	29	30
31						

Wednesday	Thursday	Friday	Saturday
1 8.1	2	3	4
8	9	10	11
15 추석 8.15	**16**	17	18
22	23	24	25
29	30 9.1	1	2

2027

10

Oct.

Sunday	Monday	Tuesday
27	28	29
3 개천절	4	5
10	11	12
17	18	19
24	25	26
31		

9 Sep.

S	M	T	W	T	F	S
			1	2	3	4
5	6	7	8	9	10	11
12	13	**14**	**15**	**16**	17	18
19	20	21	22	23	24	25
26	27	28	29	30		

11 Nov.

S	M	T	W	T	F	S
	1	2	3	4	5	6
7	8	9	10	11	12	13
14	15	16	17	18	19	20
21	22	23	24	25	26	27
28	29	30				

Wednesday	Thursday	Friday	Saturday
30	31	1	2
6	7	8	9 한글날
13	14 9.15	15	16
20	21	22	23
27	28	29 10.1	30

2027

11

Nov.

Sunday	Monday	Tuesday
31	1	2
7	8	9
14	15	16
21	22	23
28 11.1	29	30

10 Oct.

S	M	T	W	T	F	S
					1	2
3	4	5	6	7	8	9
10	11	12	13	14	15	16
17	18	19	20	21	22	23
24	25	26	27	28	29	30
31						

12 Dec.

S	M	T	W	T	F	S
			1	2	3	4
5	6	7	8	9	10	11
12	13	14	15	16	17	18
19	20	21	22	23	24	25
26	27	28	29	30	31	

Wednesday	Thursday	Friday	Saturday
3	4	5	6
10	11	12 10.15	13
17	18	19	20
24	25	26	27
1	2	3	4

2027

12

Dec.

Sunday	Monday	Tuesday
28	29	30
5	6	7
12 11.15	13	14
19	20	21
26	27 대체 휴일	28 12.1

2027. 11 Nov.

S	M	T	W	T	F	S
	1	2	3	4	5	6
7	8	9	10	11	12	13
14	15	16	17	18	19	20
21	22	23	24	25	26	27
28	29	30				

2028. 1 Jan.

S	M	T	W	T	F	S
						1
2	3	4	5	6	7	8
9	10	11	12	13	14	15
16	17	18	19	20	21	22
23	24	25	26	27	28	29
30	31					

Wednesday	Thursday	Friday	Saturday
1	2	3	4
8	9	10	11
15	16	17	18
22	23	24	**25** 성탄절
29	30	31	1

2028. Plan

01

02

03

04

05

06

07

08

09

10

11

12

2028

Desired
Schedule Management

2028

가나북스
www.gnbooks.co.kr

2028

01

Jan.

Sunday	Monday	Tuesday
26	27	28
2	3	4
9	10	11 12.15
16	17	18
23	24	25
30	31	

2027. 12 Dec.

S	M	T	W	T	F	S
			1	2	3	4
5	6	7	8	9	10	11
12	13	14	15	16	17	18
19	20	21	22	23	24	25
26	27	28	29	30	31	

2028. 2 Feb.

S	M	T	W	T	F	S
		1	2	3	4	5
6	7	8	9	10	11	12
13	14	15	16	17	18	19
20	21	22	23	24	25	26
27	28	29				

Wednesday	Thursday	Friday	Saturday
29	30	31	**1** 신정
5	6	7	8
12	13	14	15
19	20	21	22
26	**27** 1.1	**28**	29

2028

02

Feb.

Sunday	Monday	Tuesday
30	31	1
6	7	8
13	14	15
20	21	22
27	28	29

1 Jan.

S	M	T	W	T	F	S
						1
2	3	4	5	6	7	8
9	10	11	12	13	14	15
16	17	18	19	20	21	22
23	24	25	26	27	28	29
30	31					

3 Mar.

S	M	T	W	T	F	S
			1	2	3	4
5	6	7	8	9	10	11
12	13	14	15	16	17	18
19	20	21	22	23	24	25
26	27	28	29	30	31	

Wednesday	Thursday	Friday	Saturday
2	3	4	5
9	10 1.15	11	12
16	17	18	19
23	24	25 2.1	26
1	2	3	4

2028

03

Mar.

Sunday	Monday	Tuesday
27	28	29
5	6	7
12	13	14
19	20	21
26 3.1	27	28

2 Feb.

S	M	T	W	T	F	S
		1	2	3	4	5
6	7	8	9	10	11	12
13	14	15	16	17	18	19
20	21	22	23	24	25	26
27	28	29				

4 Apr.

S	M	T	W	T	F	S
						1
2	3	4	5	6	7	8
9	10	11	12	13	14	15
16	17	18	19	20	21	22
23	24	25	26	27	28	29
30						

Wednesday	Thursday	Friday	Saturday
1 삼일절	2	3	4
8	9	10 2.15	11
15	16	17	18
22	23	24	**25** 성탄절
29	30	31	1

2028

04

Apr.

Sunday	Monday	Tuesday
26	27	28
2	3	4
9 3.15	10	11
16	17	18
23 30	24	25 4.1

3 Mar.

S	M	T	W	T	F	S
			1	2	3	4
5	6	7	8	9	10	11
12	13	14	15	16	17	18
19	20	21	22	23	24	25
26	27	28	29	30	31	

5 May.

S	M	T	W	T	F	S
	1	2	3	4	5	6
7	8	9	10	11	12	13
14	15	16	17	18	19	20
21	22	23	24	25	26	27
28	29	30	31			

Wednesday	Thursday	Friday	Saturday
29	30	31	1
5 식목일	6	7	8
12	13	14	15
19	20	21	22
26	27	28	29

2028

05

May.

Sunday	Monday	Tuesday
30	1 근로자의날	2 부처님 오신 날
7	8 어버이날	9 4.15
14	15 스승의날	16
21	22	23
28	29	30

4 Apr.

S	M	T	W	T	F	S
						1
2	3	4	5	6	7	8
9	10	11	12	13	14	15
16	17	18	19	20	21	22
23	24	25	26	27	28	29
30						

6 Jun.

S	M	T	W	T	F	S
				1	2	3
4	5	**6**	7	8	9	10
11	12	13	14	15	16	17
18	19	20	21	22	23	24
25	26	27	28	29	30	

Wednesday	Thursday	Friday	Saturday
3	4	**5** 어린이날	6
10	11	12	13
17	18	19	20
24 5.1	25	26	27
31	1	2	3

2028

06

Jun.

Sunday	Monday	Tuesday
28	29	30
4 6.1	5	**6** 현충일
11	12	13
18	19	20
25 6·25 전쟁일	26	27

5 May.

S	M	T	W	T	F	S
	1	**2**	3	4	**5**	6
7	8	9	10	11	12	13
14	15	16	17	18	19	20
21	22	23	24	25	26	27
28	29	30	31			

7 Jul.

S	M	T	W	T	F	S
						1
2	3	4	5	6	7	8
9	10	11	12	13	14	15
16	17	18	19	20	21	22
23	24	25	26	27	28	29
30	31					

Wednesday	Thursday	Friday	Saturday
31	1	2	3
7 5.15	8	9	10
14	15	16	17
21	22	23 윤 5.1	24
28	29	30	1

2028

07

Jul.

Sunday	Monday	Tuesday
25	26	27
2	3	4
9	10	11
16	17 제헌절	18
23	24	25
30	31	

6 Jun.

S	M	T	W	T	F	S
				1	2	3
4	5	**6**	7	8	9	10
11	12	13	14	15	16	17
18	19	20	21	22	23	24
25	26	27	28	29	30	

8 Aug.

S	M	T	W	T	F	S
		1	2	3	4	5
6	7	8	9	10	11	12
13	14	**15**	16	17	18	19
20	21	22	23	24	25	26
27	28	29	30	31		

Wednesday	Thursday	Friday	Saturday
28	29	30	1
5	6	7 음 5.15	8
12	13	14	15
19	20	21	22 6.1
26	27	28	29

2028
08
Aug.

Sunday	Monday	Tuesday
30	31	1
6	7	8
13	14	15 광복절
20 7.1	21	22
27	28	29

7 Jul.

S	M	T	W	T	F	S
						1
2	3	4	5	6	7	8
9	10	11	12	13	14	15
16	17	18	19	20	21	22
23	24	25	26	27	28	29
30	31					

9 Sep.

S	M	T	W	T	F	S
					1	2
3	4	5	6	7	8	9
10	11	12	13	14	15	16
17	18	19	20	21	22	23
24	25	26	27	28	29	30

Wednesday	Thursday	Friday	Saturday
2	3	4	5 6.15
9	10	11	12
16	17	18	19
23	24	25	26
30	31	1	2

2028

09

Sep.

Sunday	Monday	Tuesday
27	28	29
3 7.15	4	5
10	11	12
17	18	19 8.1
24	25	26

8 Aug.

S	M	T	W	T	F	S
		1	2	3	4	5
6	7	8	9	10	11	12
13	14	**15**	16	17	18	19
20	21	22	23	24	25	26
27	28	29	30	31		

10 Oct.

S	M	T	W	T	F	S
1	**2**	**3**	**4**	**5**	6	7
8	**9**	10	11	12	13	14
15	16	17	18	19	20	21
22	23	24	25	26	27	28
29	30	31				

Wednesday	Thursday	Friday	Saturday
30	31	1	2
6	7	8	9
13	14	15	16
20	21	22	23
27	28	29	30

2028

10

Oct.

Sunday	Monday	Tuesday
1	2	3 추석 / 개천절 8.15
8	9 한글날	10
15	16	17
22	23	24
29	30	31

9 Sep.

S	M	T	W	T	F	S
					1	2
3	4	5	6	7	8	9
10	11	12	13	14	15	16
17	18	19	20	21	22	23
24	25	26	27	28	29	30

11 Nov.

S	M	T	W	T	F	S
			1	2	3	4
5	6	7	8	9	10	11
12	13	14	15	16	17	18
19	20	21	22	23	24	25
26	27	28	29	30		

Wednesday	Thursday	Friday	Saturday
4	**5** 대체 휴일	6	7
11	12	13	14
18 9.1	19	20	21
25	26	27	28
1	2	3	4

2028

11

Nov.

Sunday	Monday	Tuesday
29	30	31
5	6	7
12	13	14
19	20	21
26	27	28

10 Oct.

S	M	T	W	T	F	S
1	2	3	4	5	6	7
8	9	10	11	12	13	14
15	16	17	18	19	20	21
22	23	24	25	26	27	28
29	30	31				

12 Dec.

S	M	T	W	T	F	S
					1	2
3	4	5	6	7	8	9
10	11	12	13	14	15	16
17	18	19	20	21	22	23
24	25	26	27	28	29	30
31						

Wednesday	Thursday	Friday	Saturday
1 9.15	**2**	**3**	**4**
8	**9**	**10**	**11**
15	**16**	**17** 10.1	**18**
22	**23**	**24**	**25**
29	**30** 10.15	1	2

2028
12
Dec.

Sunday	Monday	Tuesday
26	27	28
3	4	5
10	11	12
17	18	19
24 / 31	25 성탄절	26

2028. 11 Nov.

S	M	T	W	T	F	S
			1	2	3	4
5	6	7	8	9	10	11
12	13	14	15	16	17	18
19	20	21	22	23	24	25
26	27	28	29	30		

2029. 1 Jan.

S	M	T	W	T	F	S
	1	2	3	4	5	6
7	8	9	10	11	12	13
14	15	16	17	18	19	20
21	22	23	24	25	26	27
28	29	30	31			

Wednesday	Thursday	Friday	Saturday
29	30	1	2
6	7	8	9
13	14	15	16 11.1
20	21	22	23
27	28	29	30 11.15

2029. Plan

01

02

03

04

05

06

07

08

09

10

11

12

2029

Desired
Schedule Management

2029

가나북스

www.gnbooks.co.kr

2029
01
Jan.

Sunday	Monday	Tuesday
31	1 신정	2
7	8	9
14	15 12.1	16
21	22	23
28	29 12.15	30

2028. 12 Dec.

S	M	T	W	T	F	S
					1	2
3	4	5	6	7	8	9
10	11	12	13	14	15	16
17	18	19	20	21	22	23
24	25	26	27	28	29	30
31						

2029. 2 Feb.

S	M	T	W	T	F	S
				1	2	3
4	5	6	7	8	9	10
11	12	13	14	15	16	17
18	19	20	21	22	23	24
25	26	27	28			

Wednesday	Thursday	Friday	Saturday
3	4	5	6
10	11	12	13
17	18	19	20
24	25	26	27
31	1	2	3

2029

02

Feb.

Sunday	Monday	Tuesday
28	29	30
4 6.1	5	6
11	12	13 설날 1.1
18	19	20
25	26	27 1.15

1 Jan.

S	M	T	W	T	F	S
	1	2	3	4	5	6
7	8	9	10	11	12	13
14	15	16	17	18	19	20
21	22	23	24	25	26	27
28	29	30	31			

3 Mar.

S	M	T	W	T	F	S
				1	2	3
4	5	6	7	8	9	10
11	12	13	14	15	16	17
18	19	20	21	22	23	24
25	26	27	28	29	30	31

Wednesday	Thursday	Friday	Saturday
31	1	2	3
7	8	9	10
14	15	16	17
21	22	23	24
28	1	2	3

2029

03

Mar.

Sunday	Monday	Tuesday
25	26	27
4	5	6
11	12	13
18	19	20
25	26	27

2 Feb.

S	M	T	W	T	F	S
				1	2	3
4	5	6	7	8	9	10
11	12	13	14	15	16	17
18	19	20	21	22	23	24
25	26	27	28			

4 Apr.

S	M	T	W	T	F	S
1	2	3	4	5	6	7
8	9	10	11	12	13	14
15	16	17	18	19	20	21
22	23	24	25	26	27	28
29	30					

Wednesday	Thursday	Friday	Saturday
28	1 삼일절	2	3
7	8	9	10
14	15 2.1	16	17
21	22	23	24
28	29 2.15	30	31

2029

04

Apr.

Sunday	Monday	Tuesday
1	2	3
8	9	10
15	16	17
22	23	24
29	30	1

3 Mar.

S	M	T	W	T	F	S
				1	2	3
4	5	6	7	8	9	10
11	12	13	14	15	16	17
18	19	20	21	22	23	24
25	26	27	28	29	30	31

5 May.

S	M	T	W	T	F	S
		1	2	3	4	5
6	7	8	9	10	11	12
13	14	15	16	17	18	19
20	21	22	23	24	25	26
27	28	29	30	31		

Wednesday	Thursday	Friday	Saturday
4	5 식목일	6	7
11	12	13	14 3.1
18	19	20	21
25	26	27	28 3.15
2	3	4	5

2029

05

May.

Sunday	Monday	Tuesday
29	30	1 근로자의 날
6	7	8 어버이날
13 4.1	14	15 스승의날
20 부처님 오신 날	21	22
27 4.15	28	29

4 Apr.

S	M	T	W	T	F	S
1	2	3	4	5	6	7
8	9	10	11	12	13	14
15	16	17	18	19	20	21
22	23	24	25	26	27	28
29	30					

6 Jun.

S	M	T	W	T	F	S
					1	2
3	4	5	6	7	8	9
10	11	12	13	14	15	16
17	18	19	20	21	22	23
24	25	26	27	28	29	30

Wednesday	Thursday	Friday	Saturday
2	3	4	5 어린이날
9	10	11	12
16	17	18	19
23	24	25	26
30	31	1	2

2029
06
Jun.

Sunday	Monday	Tuesday
27	28	29
3	4	5
10	11	12 5.1
17	18	19
24	25 6·25 전쟁일	26 5.15

5 May.

S	M	T	W	T	F	S
		1	2	3	4	5
6	7	8	9	10	11	12
13	14	15	16	17	18	19
20	21	22	23	24	25	26
27	28	29	30	31		

7 Jul.

S	M	T	W	T	F	S
1	2	3	4	5	6	7
8	9	10	11	12	13	14
15	16	17	18	19	20	21
22	23	24	25	26	27	28
29	30	31				

Wednesday	Thursday	Friday	Saturday
30	31	1	2
6 현충일	7	8	9
13	14	15	16
20	21	22	23
27	28	29	30

2029
07
Jul.

Sunday	Monday	Tuesday
1	2	3
8	9	10
15	16	17 제헌절
22	23	24
29	30	31

6 Jun.

S	M	T	W	T	F	S
					1	2
3	4	5	**6**	7	8	9
10	11	12	13	14	15	16
17	18	19	20	21	22	23
24	25	26	27	28	29	30

8 Aug.

S	M	T	W	T	F	S
			1	2	3	4
5	6	7	8	9	10	11
12	13	14	**15**	16	17	18
19	20	21	22	23	24	25
26	27	28	29	30	31	

Wednesday	Thursday	Friday	Saturday
4	5	6	7
11	12 6.1	13	14
18	19	20	21
25	26 6.15	27	28
1	2	3	4

2029

08

Aug.

Sunday	Monday	Tuesday
29	30	31
5	6	7
12	13	14
19	20	21
26	27	28

7 Jul.

S	M	T	W	T	F	S
1	2	3	4	5	6	7
8	9	10	11	12	13	14
15	16	17	18	19	20	21
22	23	24	25	26	27	28
29	30	31				

9 Sep.

S	M	T	W	T	F	S
						1
2	3	4	5	6	7	8
9	10	11	12	13	14	15
16	17	18	19	20	**21**	**22**
23	24	25	26	27	28	29
30						

Wednesday	Thursday	Friday	Saturday
1	2	3	4
8	9	10 7.1	11
15 광복절	16	17	18
22	23	24 7.15	25
29	30	31	1

2029

09

Sep.

Sunday	Monday	Tuesday
26	27	28
2	3	4
9	10	11
16	17	18
23 / 30	24	25

8 Aug.

S	M	T	W	T	F	S
			1	2	3	4
5	6	7	8	9	10	11
12	13	14	**15**	16	17	18
19	20	21	22	23	24	25
26	27	28	29	30	31	

10 Oct.

S	M	T	W	T	F	S
	1	2	**3**	4	5	6
7	8	**9**	10	11	12	13
14	15	16	17	18	19	20
21	22	23	24	25	26	27
28	29	30	31			

Wednesday	Thursday	Friday	Saturday
29	30	31	1
5	6	7	8 8.1
12	13	14	15
19	20	21	22 추석 8.15
26	27	28	29

2029

10

Oct.

Sunday	Monday	Tuesday
30	1	2
7	8 9.1	9 한글날
14	15	16
21	22 9.15	23
28	29	30

9 Sep.

S	M	T	W	T	F	S
						1
2	3	4	5	6	7	8
9	10	11	12	13	14	15
16	17	18	19	20	21	22
23	24	25	26	27	28	29
30						

11 Nov.

S	M	T	W	T	F	S
				1	2	3
4	5	6	7	8	9	10
11	12	13	14	15	16	17
18	19	20	21	22	23	24
25	26	27	28	29	30	

Wednesday	Thursday	Friday	Saturday
3 개천절	4	5	6
10	11	12	13
17	18	19	20
24	25	26	27
31	1	2	3

2029

11

Nov.

Sunday	Monday	Tuesday
28	29	30
4	5	6 10.1
11	12	13
18	19	20 10.15
25	26	27

10 Oct.

S	M	T	W	T	F	S
	1	2	**3**	4	5	6
7	8	**9**	10	11	12	13
14	15	16	17	18	19	20
21	22	23	24	25	26	27
28	29	30	31			

12 Dec.

S	M	T	W	T	F	S
						1
2	3	4	5	6	7	8
9	10	11	12	13	14	15
16	17	18	19	20	21	22
23	24	**25**	26	27	28	29
30	31					

Wednesday	Thursday	Friday	Saturday
31	1	2	3
7	8	9	10
14	15	16	17
21	22	23	24
28	29	30	1

2029
12
Dec.

Sunday	Monday	Tuesday
26	27	28
2	3	4
9	10	11
16	17	18
23	24	25 성탄절
30	31	

2029. 11 Nov.

S	M	T	W	T	F	S
				1	2	3
4	5	6	7	8	9	10
11	12	13	14	15	16	17
18	19	20	21	22	23	24
25	26	27	28	29	30	

2030. 1 Jan.

S	M	T	W	T	F	S
		1	2	3	4	5
6	7	8	9	10	11	12
13	14	15	16	17	18	19
20	21	22	23	24	25	26
27	28	29	30	31		

Wednesday	Thursday	Friday	Saturday
29	30	31	1
5 11.1	6	7	8
12	13	14	15
19 11.15	20	21	22
26	27	28	29

Memo

Memo

Memo

'기독장사' 캠페인!

['기독 장사'(장례)의 성경적 이해]

'기존(現), 장례의 형태를 성경대로 바꾸자'

지금도 現, 장례식장에서 행하여지고 있는
미신의 전통, 귀신의 전통, 우상의 전통에서 하루빨리 벗어나야한다.

① 성경에서 허용된 의식은'침례(세례)'와 '주의만찬(성찬)' 뿐이다(마28:19), (고전11:20, 24-26)

"너희는 가서 모든 족속으로 제자를 삼아 아버지와 아들과 성령의 이름으로 침례를 주고", " ~ 이것은 너희를 위하는 내 몸이니 이것을 행하여 나를 기념하라…, 이 잔은 내 피로 세운 새 언약이니 이것을 행하여 마실 때마다 나를 기념하라~"

② 기독교 장사(장례) 의식의 유래?

이타종교(유교, 불교, 천주교)는 하는데 기독교가 '안하면 밋밋하니까' 따라하게 됨.

원래 기독교가 처음 들어왔을 때에는 없었다. 그런데 불교(BC6세기말 인도 싯다르다, 고구려372년, 불공), 유교(BC770년중국, 공자, 1413태종, 제사), 천주교(그레고리1세 593년 제정, 연옥미사)을 만들어 입관식, 발인식, 하관식의 의식행위를 하는데 기독교는 뭐냐? 장례식장에서 그저 아무 의식도 안하면 밋밋하니까 이타종교가 만든 의식에다 예배만 붙여 입관식(예배), 발인식(예배), 하관식(예배)를 지금까지 해 온 것이 유래가 됨.

③ 예수님은 죽은 자를 살리러 가신 적은 있지만, 죽은 자를 위해 어떠한 의식행위를 하라고 가르치신 적이 없다.(막12;27, 마22:32, 눅9;59-62)

"하나님은 죽은 자의 하나님이 아니라 산 자의 하나님이시다." 때문에 살아 있을 때에만 유효한 것이고 죽으면 이 땅에서는 상황 끝이다.

(눅9;59-62)" ~ 그가 가로되 나로 먼저 가서 내 부친을 장사하게 허락 하옵소서 가라사대 죽은 자들로 자기의 죽은 자들을 장사하게 하고 너는 가서 하나님의 나라를 전파하라~, ~ 손에 쟁기를 잡고 뒤를 돌아보는 자는 하나님의 나라에 합당치 아니하니라 하시니라"

죽은 나사로, 회당장야이로의 딸, 나인성과부의 아들…을 살리심.

④ 로마가톨릭은 기독교와 아무런 관계가 없다

("형님&동생, 구교&신교, 기독교와 흡사, 이웃사촌"이 아님)

우리 기독교는 예수님이 오시면서부터 시작되었고 초대교회가 그 모델이다. 그런데 기독교가 국교가 되면서 왕이 기독교를 다스리게 되었고 가톨릭으로 변질되어 나간 이교도일 뿐이다. 오히려 그들은 신실한 기독교인 수천만 명을 죽였다. 가톨릭은 성경 위에 교황이 서 있는 것이고 성경에 없는 것들을 교황령으로 발명하여 지금까지 믿고 있다.(연옥미사, 유아세례, 마리아숭배, 형상숭배, 사진숭배, 고해성사, 면죄부, 묵주기도, 연옥설, 화체설, 교황무오설) 이런 것들은 성경과는 전혀 무관함.

⑤ 우상숭배의 정의?

'인격 없는 것을 인격화 시키는 것이 우상숭배이다.'(출20:4-5, 고전10:20-22, 고후6;14-16)

영정사진, 국화꽃, 분향기구, 촛대, 촛불, 각종음식, 책, 위패 … 모두가 인격이 없는 것들 임. 또한, 기존의 빈소에는 각종 이방신을 섬기는 유족들이 불공, 제사, 연옥미사 … 등 귀신에게 우상의 제물을 바친 곳이기에 귀신이 자리 잡고 앉아 예수 믿는 영혼들을 먹잇감으로 사냥하기 위해 덫을 쳐 놓은 곳이라 말할 수 있다.

(고후6;14-16)"의와 불법이 어찌 함께하며 빛과 어두움이 어찌 사귀며 그리스도와 벨리알이 어찌 조화되며 하나님의 성전과 우상이 어찌 일치가 되리요 우리는 살아계신 하나님의 성전이라"

빈소에 차려진 인격 없는 제사상과 같은 곳에 성경책을 펴 놓고, 찬송CD를 틀어 논다고 기독교식이 될 수 없고 그 빈소 앞에서 예배한다고 예배가 아니라 오히려 귀신에게 경배하는 것이 된다. **(고전10:20-22)"대저 이방인의 제사하는 것은 귀신에게 하는 것이요 하나님께 제사하는 것이 아니니 나는 너희가 귀신과 교제하는 자 되기를 원치 아니하노라 너희가 주의 잔과 귀신의 잔을 겸하여 마시지 못하고 주의 상과 귀신의 상에 겸하여 참예치 못하리라"**

'모세의 10가지 재앙'은 인격이 없는 피조물을 인격화 시켜 섬기는 우상행위 때문에 내려진 진노의 재앙이다.

⑥ 기존(現), 장례식장은 우상숭배의 종합선물 세트장이고 귀신이 가장 많이 대접받는 장소이다.(출20:3-5)

전통으로 자리잡아온 기존의 장례식장은 믿는 영혼의 사냥감 장소로 가장 잘 기획해 놓은 곳이다. 그리고 입관, 발인, 하관식에는 '마지막'이라는 말로 최고조의 눈물샘을 자극하여 통곡하게 만들어 삼, 사대를 잡아먹겠다는 마귀의 치밀한 전략이 숨어 있음. 예: 장손(3대-4대)이 영정사진을 들고 가도록 만들어 냄. **(렘16:5)"상가에 들어가서 통곡하지 말며 애곡하지 말라"**

⑦ 장례식장에 가는 이유는 죽음의 교훈을 배우고 유족을 위로하고 전도하기 위해서다.

초상집은 이 땅에서의 삶이 끝나 하나님의 주권 속에 들어간 죽은 자를 위해 가는 것이 아니라 인격을 가진 유가족을 위로하고 전도하기 위해 가는 곳이고 나도 언젠가는 고인이 된 자처럼 죽게 된다는 사실을 깨달아 남은 날 계수할 줄 아는 지혜를 얻기 위함이다.(시90:10-12)

"초상집에 가는 것이 잔치 집에 가는 것보다 나으니 모든 사람의 결국이 이와 같이 됨이라"(전7:2), " ~ 너는 흙이니 흙으로 돌아갈 것이니라 하시니라"(창3:19), 한 번 죽는 것은 사람에게 정하신 것이요 그 후에는 심판이 있으리니"(히9:27), "너희 생명이 무엇이뇨 너희는 잠간 보이다가 없어지는 안개니라"(약4:14)

⑧ 장례식의 의식행위가 전통으로 자리잡아버린 우상의 전통, 미신의 전통, 귀신의 전통을 타파해야할 시급성.

(호4:6)"내 백성이 지식이 없으므로 망하는도다", (사14:12-14, 계12:1-17, 요일3:8, 막5:1-20) 사단, 마귀, 귀신의 정체는 믿는 자들을 미혹하여 세상이 끝나는 날까지 죄짓게 만들어 지옥 데려가려는 전문가이고 각종질병, 사고를 만들어 병들고 죽게 만듦.

⑨ 대안

기존(現), 빈소의 형태에서 탈피하여 말씀 중심의 빈소로 대체해야 함.

[문구 안내]

예시 “하나님은 죽은 자의 하나님이 아니요
살아 있는 자의 하나님이시니라”(마22:32)

❶ 가나기독장사 031-959-8833

❷ ‘고인의 뜻에 따라 헌화와 절은 받지 않습니다’
“너는 흙이니 흙으로 돌아갈 것이니라”(창3:19)
“한번 죽는 것은 사람에게 정하신 것이요 그 후에는 심판이 있으리니”(히9:27)
“너희 생명이 무엇이뇨 너희는 잠깐 보이다가 없어지는 안개니라”(약4:14)

❸ ‘고인은 여기에 있지 않고 하나님의 주권 속에 있으니
유족에게 위로의 말씀만 부탁드립니다’
“주 예수를 믿으라 그리하면 너와 네 집이 구원을 얻으리라”(행16:31)
“예수께서 가라사대 나는 부활이요 생명이니 나를 믿는 자는 죽어도 살겠고 무릇 살아서 나를 믿는 자는 영원히 죽지 아니하리니”(요11:25~26)

❹ 유족에게 주님의 위로를 전합니다 / 조문객 일동

⑩ 유익

우상숭배 할 요소에서 사전 차단, 귀신에게 경배 안함, 오직 말씀으로 전도하는 장소가 됨, 간결함, 비용감소(기존, 빈소에 차려지는 경비의 70% 절감), 후손들에게 '기독장사'의 유산이 됨, 믿음의 가문이 만들어짐, 유언 효과(유언장 참조).

Ⓠ "장사와 장례, 장례식장"의 의미?

"장사"는 문자 그대로 죽은 자를 땅에 묻는 일.
"장례"는 죽은 자를 놓고 어떠한 의식을 치르는 행위 임.
"장례식장"은 죽은 자와 그 유족을 위해 의식행위를 하도록 차려진 장소.

신, 구약 성경은 일관되게 **"장사"**라고 말씀하고 있고 죽은 자와 그 유족을 위해서 어떠한 의식을 행하라고 말씀하거나 가르치고 있는 곳은 한 구절도 없다.

희망 스케줄 관리 5년

Desired Schedule Management

2025~2029

2025년 4월 25일 발행

지 은 이 | 배수현
디 자 인 | 박수정

펴 낸 곳 | 가나북스 www.gnbooks.co.kr
출판등록 | 제393-2009-000012호
전 화 | 031) 959-8833
팩 스 | 031) 959-8834

ISBN ISBN 979-11-6446-122-6
가격은 뒤표지에 있습니다.

이 름 ....

주 소 ....

....

연 락 처 ....

이 수첩을 습득하신 분은 연락주세요.

나는 오직 죽음에 이르는 순간까지 하나님의 말씀을 좇아 살기 위하여 유가족에게 교훈을 남기는 심정으로 아래와 같은 유언장을 나의 죽음 전에 미리 작성하여 알리는 것이오니 꼭 실행에 옮겨 주시길 소원합니다.

유 언 장

나 (　　　　)은 세상과 이별하였을 때에 나의 장사 문제로 유가족 간 다툼을 피하고 내가 믿는 생명의 주권자이신 하나님의 부름을 받기 전, 죽은 나를 화목하게 장사하게 하기 위하여 이 유언장을 남기며 "**가나기독장사**"에서 제작된 빈소의 형태로 장사하여 줄 것을 유가족 모두에게 간곡히 부탁드립니다.

년　　　월　　　일

유언한 사람　　　　　　　　인(서명)

가나기독장사 연락처 031-959-8833 / 팩스(부재시) 031-959-8834

故人은 여기에 있지 않으시고
하나님의 주권아래 계시니
유가족에게 위로의 말씀만
부탁드립니다

예수께서 이르시되 나는 부활이요 생명이니
나를 믿는 자는 죽어도 살겠고
무릇 살아서 나를 믿는 자는
영원히 죽지 아니하리니
이것을 네가 믿느냐
(요 11:25-26)

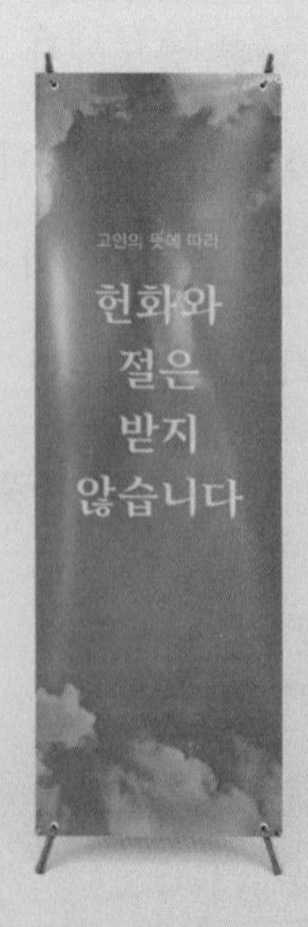

나는 오직 죽음에 이르는 순간까지 하나님의 말씀을 좇아 살기 위하여 유가족에게 교훈을 남기는 심정으로 아래와 같은 유언장을 나의 죽음 전에 미리 작성하여 알리는 것이오니 꼭 실행에 옮겨 주시길 소원합니다.

유 언 장

나 ( )은 세상과 이별하였을 때에 나의 장사 문제로 유가족 간 다툼을 피하고 내가 믿는 생명의 주권자이신 하나님의 부름을 받기 전, 죽은 나를 화목하게 장사하게 하기 위하여 이 유언장을 남기며 "**가나기독장사**"에서 제작된 빈소의 형태로 장사하여 줄 것을 유가족 모두에게 간곡히 부탁드립니다.

년 월 일

유언한 사람 인(서명)

가나기독장사 연락처 031-959-8833 / 팩스(부재시) 031-959-8834

故人은 여기에 있지 않으시고
하나님의 주권아래 계시니
유가족에게 위로의 말씀만
부탁드립니다
예수께서 이르시되 나는 부활이요 생명이니
나를 믿는 자는 죽어도 살겠고
무릇 살아서 나를 믿는 자는
영원히 죽지 아니하리니
이것을 네가 믿느냐
(요 11:25-26)
기독장례선교회 (031) 408-8811

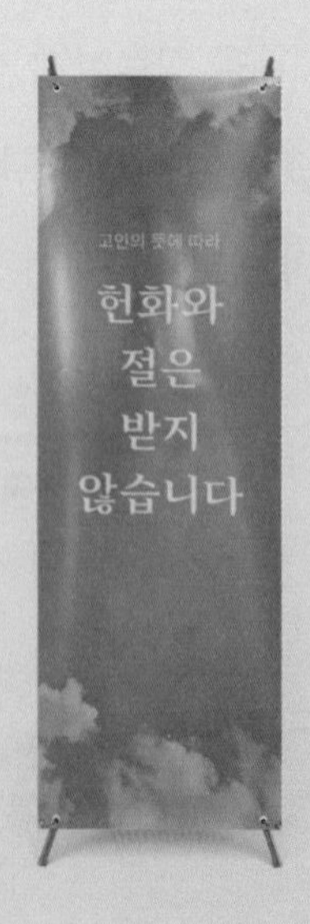
고인의 뜻에 따라
헌화와
절은
받지
않습니다